The Meaning of Surah 75 Al-Qiyamah

(The Resurrection)

From Holy Quran Bilingual Edition English Spanish

by

Jannah Firdaus Mediapro

2020

Prolog

The Meaning of Surah 75 Al-Qiyamah (The Resurrection) From the Holy Quran Bilingual Edition In English & Spanish Languange.

The blessed Chapter, revealed in Mecca, has forty Verses. The designation of the Chapter, denoting Resurrection, derives from the opening Verse. The Chapter, as reflected in its title, mainly treats of the Day of Resurrection. It opens with an enumeration of the harsh and frightening incidents to occur at the end of the world and proceeds to make mention of the happy and sad appearances of the good and evil doers.

Further, the blessed Chapter deals with the states of mankind in the throes of death, the creation of man from a drop of semen as a token of Divine Omnipotence in recreating him. It is noteworthy that four Verses in the middle of the Chapter treat of the manner of Revelation and recitation of the Holy Qur'an. According to the traditions, one who perseveres in the recitation of the blessed Chapter and acts upon it shall be able to happily and smilingly cross the Bridge Spanning Hellfire (sirat).

El bendito capítulo, revelado en la Meca, tiene cuarenta versos. La designación del Capítulo, que denota la Resurrección, deriva del Verso inicial. El Capítulo, como se refleja en su título, trata principalmente del Día de la Resurrección. Comienza con una enumeración de los duros y espantosos incidentes que ocurrirán en el fin del mundo y procede a hacer mención de las alegres y tristes apariciones de los buenos y malos hacedores.

Además, el bendito capítulo trata de los estados de la humanidad en la agonía de la muerte, la creación del hombre a partir de una gota de semen como muestra de la Omnipotencia Divina al recrearlo. Es digno de mención que cuatro versos en el medio del capítulo tratan de la manera de la revelación y la recitación del Sagrado Corán. Según las tradiciones, quien persevere en la recitación del bendito Capítulo y actúe sobre él podrá cruzar feliz y sonriente el puente que cruza el fuego del infierno (sirat).

The Translation of Surah 75 Al-Qiyamah (The Resurrection)

English Edition

1. I swear by the Day of Resurrection;

2. And I swear by the self-reproaching person (a believer).

3. Does man (a disbeliever) think that We shall not assemble his bones?

4. Yes, We are Able to put together in perfect order the tips of his fingers.

5. Nay! (Man denies Resurrection and Reckoning. So) he desires to continue committing sins.

6. He asks: "When will be this Day of Resurrection?"

7. So, when the sight shall be dazed,

8. And the moon will be eclipsed,

9. And the sun and moon will be joined together (by going one into the other or folded up or deprived of their light, etc.)

10. On that Day man will say: "Where (is the refuge) to flee?"

11. No! There is no refuge!

12. Unto your Lord (Alone) will be the place of rest that Day.

13. On that Day man will be informed of what he sent forward (of his evil or good deeds), and what he left behind (of his good or evil traditions).

14. Nay! Man will be a witness against himself [as his body parts (skin, hands, legs, etc.) will speak about his deeds].

15. Though he may put forth his excuses (to cover his evil deeds).

16. Move not your tongue concerning (the Qur'an, O Muhammad ﷺ) to make haste therewith.

17. It is for Us to collect it and to give you (O Muhammad ﷺ) the ability to recite it (the Qur'an),

18. And when We have recited it to you [O Muhammad ﷺ through Jibrael (Gabriel)], then follow you its (the Qur'an's) recital.

19. Then it is for Us (Allah) to make it clear to you,

20. Not [as you think, that you (mankind) will not be resurrected and recompensed for your deeds], but (you men) love the present life of this world,

21. And leave (neglect) the Hereafter.

22. Some faces that Day shall be *Nadirah* (shining and radiant).

23. Looking at their Lord (Allah);

24. And some faces, that Day, will be *Basirah* (dark, gloomy, frowning, and sad),

25. Thinking that some calamity was about to fall on them;

26. Nay, when (the soul) reaches to the collar bone (i.e. up to the throat in its exit),

27. And it will be said: "Who can cure him and save him from death?"

28. And he (the dying person) will conclude that it was (the time) of departing (death);

29. And leg will be joined with another leg (shrouded)

30. The drive will be, on that Day, to your Lord (Allah)!

31. So he (the disbeliever) neither believed (in this Qur'an, in the Message of Muhammad ﷺ) nor prayed!

32. But on the contrary, he belied (this Qur'an and the Message of Muhammad ﷺ) and turned away!

33. Then he walked in full pride to his family admiring himself!

34. Woe to you [O man (disbeliever)]! And then (again) woe to you!

35. Again, woe to you [O man (disbeliever)]! And then (again) woe to you!

36. Does man think that he will be left *Suda* [neglected without being punished or rewarded for the obligatory duties enjoined by his Lord (Allah) on him]?

37. Was he not a *Nutfah* (mixed male and female discharge of semen) poured forth?

38. Then he became an *'Alaqa* (a clot); then (Allah) shaped and fashioned (him) in due proportion.

39. And made him in two sexes, male and female.

40. Is not He (Allah Who does that), Able to give life to the dead? (Yes! He is Able to do all things).

The Meaning of Surah 75 Al-Qiyamah (The Resurrection)

English Edition

The Resurrection is a forty-verse chapter revealed in Mecca. Most Meccan chapters deal exclusively with the fundamentals of faith, and this one concentrates particularly on the Day of Resurrection and humankind's habit of denying its inevitability. The name of the chapter is taken from the first verse, and it also describes the theme and subject matter. It is believed to be one of the earliest chapters revealed, and its style indicates that the concepts and teachings were presented to the people of Mecca in brief yet forceful sentences. This chapter predominantly addresses those who deny the Hereafter and replies to their doubts and objections.

Verses 1 – 15 The inevitability of the Day of Resurrection

The chapter begins with two short introductory sentences. God swears by the Day of Resurrection and by the self-reproaching soul. The Day of Resurrection is something that is inevitable; everything in this world will come to an end it is neither eternal nor everlasting. The self-reproaching soul is what we today call the conscience. Humankind is always questioning their actions, for example, in our minds we ask ourselves, should I have done this or that or perhaps something else. Thus God swears by two inescapable things. There will be a resurrection and people will always question themselves.

Do people think that God will not be able to reassemble their bones? Because He can do that easily, in fact, He can even reshape the very tips of a person's fingers. But alas, people want to deny what is ahead of them, a day of certainty, the Day of Resurrection and mockingly asks when this day will occur? God answers that it will come when the eyes are dazzled, and the moon darkens. On that day the sun and the moon will be joined together, and people will ask where to find a place of refuge. On that day there is no refuge except with God. That is the only answer to that question. On that fateful and inevitable day, people will be informed about their deeds, good or bad, big or small; and even bear witness against themselves.

Verses 16 – 19 Prophet Muhammad and the Quran

These next four verses give Prophet Muhammad, may the mercy and blessings of God be upon him, instructions regarding the revelation of the verses of the Quran. He is told not to rush when trying to memorize the recitation being revealed to him. God will most assuredly make sure you remember it. And when it is recited to you (Prophet Muhammad) repeat it, and God will make it clear and understandable for you. God takes total responsibility for the Quran, its revelation, its recitation, its collection, and its preservation.

Verses 20 – 30 Opposite outcomes

People love this fleeting life and are heedless of the Hereafter. On the Day of Judgment, some faces will be radiant and beaming, turned towards their Lord, looking at indescribable beauty. Others, however, will look dreadful and despairing, anticipating something devastating to befall them. Their sins and misdeeds cast a dark shadow over them.

When a person is on the verge of death, someone cries out, "Who will cure him?" The person will then understand that he is dying. The road ahead becomes clear. It is the final parting, from his family, friends, and all worldly possessions. Shortly thereafter he is wrapped in his shroud and prepared for burial. He will then be led towards his Lord, as if in a procession, along a road that every living being will eventually have to take. Death separates a person from their loved ones and does not respond to pleading or an outpouring of grief. It takes the most powerful as easily as it takes the weakest, and the tyrant succumbs in exactly the same manner as the one who was oppressed. The chapter moves on from this distressing death scene, but its image remains in our consciousness.

Verses 31 – 40 Arrogant rejection and the power of God

In this life the disbeliever denies the truth, fails to pray, and then turns away, walking back to his people with arrogance and conceit. Some people refuse to do anything other than deny the truth. They do not fear God or prepare for the inevitable; instead, they indulge in sinful behavior not even bothering to conceal their arrogance. Here the Quran issues a clear warning to these people. Woe to you. Woe is repeated four times in two short verses. The day comes closer and closer; nearer and nearer. It is a strong threat, more than a warning. Keep in mind that when the time of death arrives, it cannot be altered, it cannot be moved forward or backward even by a nanosecond.

Do some people really think that they will not be returned to the Creator for judgment? Humankind will not be left to wander about without purpose. Each person began as a drop of sperm, changed into a clinging clot (mass of cells) that God proportioned and shaped and made into one or other of the two sexes, male or female. Just as the reader recognizes the truth of this, the chapter concludes by asking a simple question. Knowing all this do people still think that God does not have the power to bring the dead back to life?

The Translation of Surah 75 Al-Qiyamah (The Resurrection)

Spanish Edition

1. Juro por el Día de la Resurrección;

2. Y juro por la persona que se reprocha a sí misma (un creyente).

3. ¿Piensa el hombre (incrédulo) que no ensamblaremos sus huesos?

4. Sí, somos capaces de unir en perfecto orden las puntas de sus dedos.

5. ¡No! (El hombre niega la Resurrección y el Reconocimiento. Así que) desea seguir cometiendo pecados.

6. Él pregunta: "¿Cuándo será el Día de la Resurrección?"

7. Así que, cuando la vista se aturda,

8. Y la luna será eclipsada,

9. Y el sol y la luna se unirán (yendo el uno al otro o doblados o privados de su luz, etc.)

10. En ese día el hombre dirá: "¿Dónde (está el refugio) para huir?"

11. No! ¡No hay ningún refugio!

12. A tu Señor (solo) será el lugar de descanso ese día.

13. En ese día el hombre será informado de lo que envió adelante (de sus buenas o malas acciones), y lo que dejó atrás (de sus buenas o malas tradiciones).

14. ¡No! El hombre será un testigo contra sí mismo [ya que las partes de su cuerpo (piel, manos, piernas, etc.) hablarán de sus actos].

15. Aunque pueda poner sus excusas (para cubrir sus malas acciones).

16. No muevas tu lengua en lo que respecta al Corán, oh Muhammad, para apresurarte.

17. Nos corresponde a Nosotros recogerlo y darte (O Muhammad) la habilidad de recitarlo (el Corán),

18. Y cuando te lo hayamos recitado [O Muhammad a través de Jibrael (Gabriel)], entonces sigue su (el Corán) recital.

19. Entonces nos corresponde a Nosotros (Alá) dejarlo claro,

20. No [como pensáis, que vosotros (la humanidad) no resucitaréis y seréis recompensados por vuestros actos], sino que (vosotros los hombres) amáis la vida presente de este mundo,

21. Y dejar (el abandono) el Más Allá.

22. Algunos rostros de ese día serán *Nadirah* (brillante y radiante).

23. Mirando a su Señor (Alá);

24. Y algunas caras, ese día, serán *Basirah* (oscuro, sombrío, frunciendo el ceño y triste),

25. Pensando que alguna calamidad estaba a punto de caer sobre ellos;

26. No, cuando (el alma) llega a la clavícula (es decir, hasta la garganta en su salida),

27. Y se dirá: "¿Quién puede curarlo y salvarlo de la muerte?"

28. Y él (el moribundo) concluirá que fue (el momento) de partir (la muerte);

29. Y la pierna se unirá con otra pierna (cubierta)

30. ¡El viaje será, en ese día, a tu Señor (Alá)!

31. **¡Así que** él (el incrédulo) no creyó (en este Corán, en el Mensaje de Mahomaﷺ) ni rezó!

32. Pero por el contrario, él desmintió (este Corán y el Mensaje de Mahomaﷺ) y se dio la vuelta!

33. Luego caminó con orgullo hacia su familia admirándose a sí mismo.

34. ¡Ay de ti [Oh hombre (incrédulo)]! Y entonces (otra vez) ¡ay de ti!

35. Otra vez, ¡ay de ti [Oh hombre (incrédulo)]! Y entonces (otra vez) ¡ay de ti!

36. ¿**Cree** el hombre que se quedará en *Suda* [abandonado sin ser castigado o recompensado por los deberes obligatorios que le ordenó su Señor (Alá)]?

37. ¿No era un *Nutfah* (secreción mixta de semen masculino y femenino) vertido?

38. Luego se convirtió en un *'Alaqa* (un coágulo); luego (Alá) le dio forma y lo moldeó en la debida proporción.

39. Y lo hizo en dos sexos, masculino y femenino.

40. ¿No es Él (Alá que hace eso), capaz de dar vida a los muertos? (¡Sí! Él es capaz de hacer todas las cosas).

The Meaning of Surah 75 Al-Qiyamah (The Resurrection)

Spanish Edition

La Resurrección es un capítulo de cuarenta versos revelado en la Meca. La mayoría de los capítulos de La Meca tratan exclusivamente de los fundamentos de la fe, y éste se concentra particularmente en el Día de la Resurrección y en el hábito de la humanidad de negar su inevitabilidad. El nombre del capítulo está tomado del primer verso, y también describe el tema y el asunto. Se cree que es uno de los primeros capítulos revelados, y su estilo indica que los conceptos y enseñanzas fueron presentados a la gente de La Meca en frases breves pero contundentes. Este capítulo se dirige predominantemente a los que niegan el Más Allá y responde a sus dudas y objeciones.

Versículos 1 - 15 La inevitabilidad del Día de la Resurrección

El capítulo comienza con os breves frases introductorias. Dios jura por el Día de la Resurrección y por el alma autorreprochable. El Día de la Resurrección es algo inevitable; todo en este mundo llegará a su fin, no es ni eterno ni eterno. El alma autorreprochable es lo que hoy llamamos la conciencia. La humanidad siempre se cuestiona sus acciones, por ejemplo, en nuestra mente nos preguntamos, si debería haber hecho esto o aquello o quizás algo más. Así Dios jura por dos cosas ineludibles. Habrá una resurrección y la gente siempre se cuestionará a sí misma.

¿Cree la gente que Dios no será capaz de rearmar sus huesos? Porque Él puede hacerlo fácilmente, de hecho, incluso puede volver a dar forma a las puntas de los dedos de una persona. Pero, por desgracia, la gente quiere negar lo que les espera, un día de certeza, el Día de la Resurrección y se pregunta burlonamente cuándo ocurrirá ese día. Dios responde que llegará cuando los ojos se deslumbren y la luna se oscurezca. Ese día el sol y la luna se unirán, y la gente se preguntará dónde encontrar un lugar de refugio. En ese día no hay ningún refugio excepto con Dios. Esa es la única respuesta a esa pregunta. En ese fatídico e inevitable día, la gente será informada de sus actos, buenos o malos, grandes o pequeños; e incluso darán testimonio contra ellos mismos.

Versículos 16 - 19 El Profeta Muhammad y el Corán

Estos cuatro versos siguientes le dan al Profeta Muhammad, que la misericordia y las bendiciones de Dios sean sobre él, instrucciones sobre la revelación de los versos del Corán. Se le dice que no se apresure al tratar de memorizar la recitación que se le revela. Dios se asegurará de que lo recuerde. Y cuando se le recite a usted (Profeta Muhammad) repítalo, y Dios se lo hará claro y comprensible. Dios se hace totalmente responsable del Corán, su revelación, su recitación, su recopilación y su preservación.

Versículos 20 - 30 Resultados opuestos

La gente ama esta vida fugaz y no presta atención al Más Allá. En el Día del Juicio, algunos rostros estarán radiantes y resplandecientes, vueltos hacia su Señor, mirando una belleza indescriptible. Otros, sin embargo, se verán espantosos y desesperados, anticipando que algo devastador les suceda. Sus pecados y fechorías proyectan una oscura sombra sobre ellos.

Cuando una persona está al borde de la muerte, alguien grita: "¿Quién lo curará?" La persona entonces entenderá que está muriendo. El camino a seguir se vuelve claro. Es la separación final, de su familia, amigos y todas las posesiones mundanas. Poco después, se le envuelve en su mortaja y se le prepara para el entierro. Será llevado hacia su Señor, como en una procesión, a lo largo de un camino que todo ser viviente tendrá que tomar. La muerte separa a una persona de sus seres queridos y no responde a las súplicas o a una avalancha de dolor. Se lleva a los más poderosos tan fácilmente como a los más débiles, y el tirano sucumbe exactamente de la misma manera que el que fue oprimido. El capítulo continúa con esta angustiosa escena de muerte, pero su imagen permanece en nuestra conciencia.

Versículos 31 - 40 Rechazo arrogante y el poder de Dios

En esta vida el incrédulo niega la verdad, no reza, y luego se aleja, caminando de regreso a su pueblo con arrogancia y engreimiento. Algunos se niegan a hacer otra cosa que no sea negar la verdad. No temen a Dios ni se preparan para lo inevitable; en cambio, se complacen en un comportamiento pecaminoso sin siquiera molestarse en ocultar su arrogancia. Aquí el Corán emite una clara advertencia a estas personas. Ay de ti. El ayuno se repite cuatro veces en dos versos cortos. El día se acerca más y más; más y más cerca. Es una fuerte amenaza, más que una advertencia. Tengan en cuenta que cuando llega la hora de la muerte, no puede ser alterada, no puede ser adelantada o atrasada ni siquiera por un nanosegundo.

¿Algunas personas realmente piensan que no serán devueltas al Creador para ser juzgadas? La humanidad no se dejará vagar sin un propósito. Cada persona comenzó como una gota de esperma, se convirtió en un coágulo pegajoso (masa de células) que Dios proporcionó y formó y convirtió en uno u otro de los dos sexos, masculino o femenino. Así como el lector reconoce la verdad de esto, el capítulo concluye con una simple pregunta. Sabiendo todo esto, ¿la gente sigue pensando que Dios no tiene el poder de devolver la vida a los muertos?

References

Bentley, David (September 1999). The 99 Beautiful Names for God for All the People of the Book. William Carey Library. ISBN 978-0-87808-299-5.

Major Signs before the Day of Judgement (Qiyamah)" inter-islam.org

Isaac Hasson, Last Judgment, Encyclopaedia of the Qur'an

Haleem, Muhammad Abdel (2005). Understanding the Qur'an: themes and style. I.B. Tauris. ISBN 9781860646508.

Guessoum, Nidhal (2011). Islam's Quantum Question: Reconciling Muslim Tradition and Modern Science. I.B. Tauris. p. 174. ISBN 978-1848855175.

The Integrated Encyclopedia of the Qur'an. Muzaffar Iqbal. Center for Islamic Sciences. 2013. ISBN 978-1-926620-00-8.